MÉTHODE
DE
LECTURE

PAR

M. J. GOUJARD

INSTITUTEUR PUBLIC

BORDEAUX
H. MULLER, LIBRAIRE
98, rue Ste-Catherine

MÉTHODE

DE LECTURE

1re Leçon.

b   c   d   f

g   j   l   m

n   p   r   s

t   v   x   z

2ᵉ Leçon.

b	d	p	f	j	g
v	s	r	n	m	c
z	x	l	p	g	h

---

e	be	de	fe	je	le
me	ne	pe	re	se	te
ve	xe	ze			

---

le	fe	pe	te	se	be
re	de	me	ze	ve	ne
xe	je	le	se	me	de

3ᵉ Leçon.

a ba ca da fa ga
ja la ma . na pa ra
sa • ta va xa za

â me,   a xe,   ca ve,   da me,
fa de, ga re, ga ze,   la me,
pa pa, pâ te, ra de,   ra re,
ra ve, sa le, se ra,   ta xe.

a va re, ca ba ne, ca ra fe, ma da me,
ma la de, na ta le, pa ra de, sa la de,
sa va te.

    le ca ma ra de de pa pa.
    ma da me se ra ma la de.

4ᵉ Leçon.

i bi di fi ji li
mi ni pi ri si ti
vi xi zi

a mi, di re, fi le, fi ne,
fi xe, li re, mi di, pa ri,
pi pe, ra vi, ri re, sa li.

de vi ne, fa mi ne, fa ri ne, fi ni ra,
li mi te, ma ri ne, ma xi me, na vi re,
pe ti te, ra pi de, sa me di, ti mi de.

la pe ti te ca ba ne.
je dî ne à mi di.

5ᵉ Leçon.

O   bo   co   do   fo   go
jo   lo   mo   no   po   ro
so   to   vo   xo   zo

bo xe, co co, jo li, lo to,
mo de, no te, po li, ro be,
rô ti, vo le, vo te, zo ne.

a bo li, bo bi ne, ca po te, do mi no,
fa vo ri, ga lo pe, mo bi le, mo ra le,
pa ro le, pe lo te, so li de, to pa ze.

    li mo na de, mo no to ne.
    la ro be à la mo de.

2.

6ᵉ Leçon.

u   bu   cu   du   fu   gu
ju   lu   mu   nu   pu   ru
su   tu   vu   xu   zu

bu re,   cu ve,   du pe,   fu me,
ju pe,   lu ne,   lu xe,   me nu,
pu re,   ru de,   te nu,   ve nu.

do ru re, fi gu re, fu tu re, mi nu te,
na tu re, pa ru re, pi lu le, re cu le,
re te nu, re ve nu, su bi te, vo lu me.

u ne pa ro le i nu ti le.
je me la ve la fi gu re.

7ᵉ Leçon.

é   è   ê   bé   dè   fè
jé lè mè né   pê   ré
sè tê vé xé   zè

bé ni,   cô té,   dé jà,   é pi,
é té,   fè te,   je té,   mè re,
pè re,   rê ve,   tê te,   zé ro.

a do ré,   dé mo li,   dé pu té,   du re té,
é co le,   é lè ve,   é pi ne,   é tu de,
fi dè le, mé ri te,   mo dè le,   nu mé ro,
re mè de, sé vè re,   va ni té.

dé li ca te,   fi dé li té.

8ᵉ Leçon.

le vo lu me do ré.
la pi lu le a mè re.
la fê te de ta mè re.
le re mè de du ma la de.
pa pa di ra la vé ri té.
é mi le a bu du ca fé.
jé rô me m'a sa lu é.
a dè le va à l'é co le.
ca ro li ne a lu vi te.
i mi te le mo dè le.
ma mè re me pu ni ra.
zo é a sa li sa ro be.

9ᵉ Leçon.

an ban can dan fan gan
jan lan man nan pan ran
san tan van

an se, ban de, dan se, é lan,
gan se, lan de, ma man, nan ti,
ro man, ru ban, san té, tan te.

a man de, fan fa re, pé li can, ran cu ne,
ré pan du, sa van te, vé té ran, vi van te,
vo lan te.

    a né an ti, do mi nan te.
    la mè re de ma man.
    pa pa a bu à ta san té.

10ᵉ Leçon.

in bin din fin lin min
nin pin rin sin tin vin.

a fin, bé nin, bu tin, din de,
la pin, la tin, lo pin, lu pin,
lu tin, ma lin, ma tin, mu tin,
pan tin, ra vin, sa pin, ve nin.
fé mi nin, in di go, in fi ni, in ti me,
in vi te, pin ta de.

le pan tin d'é mi le.
le ve nin de la vi pè re.
je me lè ve ma tin.
zo é a su li re le la tin.

11ᵉ Leçon.

on bon con don fon gon
jon lon mon non pon ron
son ton von xon zon

bâ ton, ba ron, bon de, bon té,
ca non, can ton, con te, co ton,
din don, fon du, ga zon, ju pon,
mon de, on ze, pin son, ron de,
sa von, son de, ta lon, ton du.
a ban don, con fon du, con so lé,
ma ca ron, pan ta lon, vo lon té.

la fin du mon de.
si mon se con so le ra.

12ᵉ Leçon.

un   cun   dun   jun   lun

d'un, l'un, a lun, lun di.

un jo li ru ban.

un bon ma ca ron.

le pan ta lon de pa pa.

lé on a bu de bon vin.

on dan se ra à ma fê te.

a dè le a un pin son.

on a fon du un ca non.

ma tan te t'a in vi té.

on a sa li ton ju pon.

on fi le le lin, le co ton.

13ᵉ Leçon.

oi   boi   coi   doi   foi   goi
joi   loi   moi   noi   poi   roi
soi   toi   voi

a loi, boi re, boî te, doi ve,
é moi, foi re, moi ne, noi re,
poi re, toi le, voi là, voi le.
an toi ne, a voi ne, é toi le,
i voi re, mé moi re, voi tu re.

voi là ta voi tu re.
on sè me l'a voi ne.
on t'a vu à la foi re.
a dè le a une ro be noi re.

14ᵉ Leçon.

ou bou cou dou fou gou
jou lou mou nou pou rou
sou tou vou

bou din, bou le, bou ton, cou de,
cou pon, dou te, dou ze, fou le,
gou jon, jou jou, mou lin, mou ton,
pou le, rou te, sou pe, voû te.
a ca jou, cou tu me, la bou re,
mou ran te, ou ra gan, rou ti ne.

un mou lin à ca fé.
é cou te ton pè re.
on a ton du le mou ton.

15ᵉ Leçon.

ch   che   cha   chi   cho   chu
chè   chan   chin   chon   choi   chou

an che, bê che, bou che, bou chon,
bû che, cha cun, chan son, chan te,
che min, chu te, cou che, man che,
mè che, mou che, po che, ri che,
sè che, sou che, tou che, va che.

bû che ron, chi ca ne, di man che,
mâ choi re, mé chan te, mou che ron.

la ca ba ne du bû che ron.
chan te moi u ne chan son.
lé on ta che son pan ta lon.

16ᵉ Leçon.

gn   gne   gna   gni   gno   gnu
gné   gnan   gnon   gnoi

chi gnon, di gne, ga gne, li gne,
mi gnon, pi gnon, rè gne, ro gné,
ro gnon, si gne, soi gne, vi gne.

a li gné,   di gni té.   i gno ré.
mon ta gne, re ga gné,   ro gnu re,
si gna lé,   té moi gné, vi gne ron.

la pê che à la li gne.
un bon vi gne ron.
je soi gne ma tan te.
si mon a ga gné un sou.

17ᵉ Leçon.

bl   ble   bla   bli   blo   blu
blé   blan   blin   blon   bloi   blou

blâ me, blan che, blè me, blon de,
blu té, câ ble, dou ble, fa ble,
no ble, ou bli, sa ble, ta ble.
ca pa ble, i gno ble, su bli me.

cl   cle   cla   cli   clo   clu
clé   clan   clin   clon   cloi   clou

bou cle, clo che, clo re, clou é,
dé clin, on cle, ra cle, so cle.
con clu re, in cli né, ré cla me.

la clo che de l'é co le.

18ᵉ Leçon.

fl   fle   fla   fli   flo   flu
flé   flan   flon   flou

fla con, flè che, flé chi, flo con,
flo re, flo rin, flû te, ron fle.
un fla con vi de.
la flû te de jé rô me.

gl   gle   gla   gli   glo   glu
glé   glan   glon   gloi   glou

an gle, glan de, gla ne, glo be,
gloi re, glou ton, rè gle, san gle.
dé ré glé, glo bu le, san glan te.
u ne pe ti te é pin gle.

19ᵉ Leçon.

pl   ple   pla   pli   plo   plu
plé   plan   plin   plon   ploi

plan che, plan te, pla te, plu me.

a pla ni, é plu ché, pla nè te.
dé plo ra ble, plé ni tu de.

u ne plan che de sa pin.
le pli de ma ro be.
u ne plu me blan che.
la bou cle de ton pan ta lon.
ma tan te m'a blâ mé.
mon on cle l'a vou lu.
le che min se ra a pla ni.

20ᵉ Leçon.

br bre bra bri bro bru
bré bran brin bron brun brou

a bri, bran che, bra ve, brê che,
bri de, bro che, bro de, bron che,
bron ze, bru ne, li bre, sa bre.
bra va de, bri ga de, brû lu re.

cr cre cra cri cro cru
cré cran crin croi crou

cro chu, croi re, croû te, cru che,
é cran, é crin, é crou, su cre.
cra va te, é cri re, se crè te.
é cri re u ne li gne.

21ᵉ Leçon.

dr   dre   dra   dri   dro   dru
drè   dran   drin   dron   droi

ca dran, ca dre, cou dre, dra gon,
dra me, droi te, dro le, fon dre,
gou dron, mou dre, pou dre, ton dre.
   a droi te, dé cou dre, é dre don.

fr   fre   fra   fri   fro   fru
fré   fran   fron   froi   frou

fran che, frè le, frè re, fri pon,
fri re, froi de, froa de, fron ton.
   fri vo le, froi du re, fru ga le.
   mon frè re a de la pou dre.

3.

22ᵉ Leçon.

gr   gre   gra   gri   gro   gru
gré   gran   grin   gron   grou

cha grin, de gré, gran de, gra ve,
grê le, gron de, grou pe, ti gre.
a gra vé, é mi gré, gra vu re.
ma man a du cha grin.

pr   pre   pra   pri   pro   pru
pré   prin   proi   prou

à pre, pri me, pro be, pru ne,
pra li ne, pré lu de, pro ba ble,
pro pre té, re pro che, su prê me.
u ne pro me na de a gré a ble.

23ᵉ Leçon.

tr   tre   tra   tri   tro   tru
trè   tran   trin   tron   troi   trou
li tre, mè tre, mon tre, plâ tre,
prè tre, tran che, trè fle, trè ve,
trin gle, tri ple, tro gnon, trou ble.
cha pi tre, é troi te, tri an gle.

vr   vre   vra   vri   vro   vron
chan vre, chè vre, che vron, cou vre,
li vre, ou vre, poi vre, vi vre.
on fi le le lin, le chan vre.
pa pa ou vre la fe nè tre.
la chè vre brou te le chou.

24ᵉ Leçon.

sb sbi **sc** scan **scr** scru
sp spa spi spo spé spon
st sta sti stu sté stan

sbi re, scru tin, sta ble, stè re,
scan da le, scru pu le, spa tu le,
spé cu lé, spi ra le, spon ta né,
sté ri le, sti mu lé, stu pi de.

u ne vi gne sté ri le.
on sti mu le ton zè le.
a chè te un mè tre de toi le.
on trou va le cou pa ble.
un scan da le trou bla la fè te.

25ᵉ Leçon.

a	A	b	B	c	C
d	D	e	E	f	
g	G	i	l		
l	L	m			
o	O				
s					

I-

A a.

Gré g

26ᵉ Leçon.

c k K   ka   ki   kin

ké pi,   ki lo,   mo ka,   nan kin,
Pé kin,   ka o lin,   ki lo mè tre.

c q qu Q   que   qua
qui   quo   què   quan   quin   quoi
ban que, bou quin, man que, pi que,
pla que, qua tre, què te, quin ze.
bou ti que, li qui de, ma qui gnon,
pi qû re, qua li té, quan ti té.

é qui table, ré pu bli que.
La pi qû re de l'é pin gle.
Le tro de quin de Blan che.

27ᵉ Leçon.

f   **ph**   **Ph**   phe   pha   sph

pha re,   sphè re,   pha é ton,
Pha ra on,   pro phè te,   phé no mè ne.

g   **gu**   gue   gua   gui   guin

fi gue,   guê pe,   guè tre,   gui de,
lan gue,   lon gue,   san guin,   vo gue.
   fa ti gue,   gué ri don,   gué ri te.
   U ne guè pe m'a pi qué.

s   **ç**   ça   çu   çon

gla çon,   le çon,   ma çon,   re çu.
   ba lan ça,   fa ça de,   pro non ça.
   An dré li ra sa le çon.

28ᵉ Leçon.

e eu deu feu jeu meu
neu peu seu veu bleu fleu
pleu breu creu preu

a veu, che veu, fleu ve, jeu di,
jeu ne, meu ble, neu tre, ne veu,
peu ple, pleu re, preu ve, seu le.
a veu gle, bleu â tre, de meu re,
dé jeu ne, é preu ve, mi neu re.

e œu nœu vœu

vœu, œu vre, ma nœu vre.

Le bâ ton de l'a veu gle.
Ton ne veu a pleu ré.

29ᵉ Leçon.

i   y   Y   ly   py   ry

ju ry,   ly re,   ty pe,   ty ran.
a zy me,   ly ri que,   sa ty re.
po ly go ne,   py ra mi de,
sy mé tri que,   sy no ny me.
Soi gne ton sty le.

o   au   bau   cau   fau   gau
jau   lau   mau   pau   tau   chau

au tre,   bau me,   chau de,   Clau de,
fau te,   gau che,   jau ne,   Lau re,
pau vre,   pré au,   sau mon,   tau pe.
au ro re,   é pau le,   pau vre té.

30ᵉ Leçon.

o eau beau deau meau peau
seau teau veau gneau bleau vreau

a gneau, beau té, bu reau, ca veau,
cha peau, châ teau, che vreau, dra peau,
man teau, ri deau, ta bleau, tru meau.

Lau re a un cha peau jau ne.

è ai bai fai gai lai
mai nai pai sai tai vai
chai blai clai plai brai prai

ai de, ba lai, blai reau, chaî ne,
clai ron, fai ble, mai gre, naî tre,
plai ne, sai gne, traî neau, vai ne.

31e Leçon.

è   ei   pei   rei   sei   plei
pei gne,   pei ne,   rei ne,   sei gle,
Sei ne,   sei ze,   trei ze,   vei ne.

U ne cru che plei ne d'eau.
On fau che le blé, le sei gle.
J'ai u ne chaî ne de mon tre.

an   am   bam   cam   tam   cham
am ple,   bam bou,   cam phre,   cham bre,
flam beau,   jam be,   lam pe,   pam pre.
am bi gu,   cam pa gne,   cham pê tre.

U ne tran che de jam bon.
Voi là un bon cham pi gnon.

32ᵉ Leçon.

an en den fen men pen
ren sen ten ven pren tren

en jeu, en tre, fen dre, men ton,
pen te, ren voi. tren te, ven dre.

con ten te, en fan tin, en sei gne,
pen du le, pru den te, sen si ble.

an em sem tem trem
em ploi, tem ple, trem ble, trem pe.
em pi re, em prun té, en sem ble.

L'em bou chu re du fleu ve.
Con ten te - toi de peu.
J'em prun te rai ton li vre.

33ᵉ Leçon.

in   im   guim   sim   tim

guim pe,   sim ple,   tim bre.
im pri mé, im pro pre, tim ba le.

in   yn   ym   syn   nym   tym
lym phe,   nym phe,   tym pan,
sym bo le, syn co pe, syn ta xe.

in   ain   aim bain daim faim
gain   main   nain   pain   sain   vain

ain si,   crain dre, de main, plain dre,
pro chain, qua train, sou dain, vi lain.
é cri vain, len de main, sou ve rain.

Le re frain de ta chan son.

34ᵉ Leçon.

in ein fein pein tein prein
fein dre, pein dre, pein tre, tein dre.
em prein te, é tein dre, é trein te.

Un jeu ne pein tre.
Pein dre un ta bleau.
On é tein dra le feu.

on om bom pom tom trom
bom be, om bre, som bre, tom beau.
com pa gnon, com plain te, tom be reau.

A l'om bre d'un chê ne.
Un com pa gnon fi dè le.
Je com pren drai ma le çon.

35ᵉ Leçon.

La beau té de la cam pa gne.
La crain te d'ê tre pu ni.
Boi re de l'eau clai re.
J'ai dé chi ré le ri deau.
Se plain dre à son maî tre.
Ven dre du su cre, du sa von.
Fen dre une bû che de chê ne.
Pau li ne a de l'en cre jau ne.
Le pein tre fi ni ra son ta bleau.
Je sau rai li re l'en sei gne.
Clé men ti ne pren dra un bain.
Le pau vre de man de l'au mô ne.

36ᵉ Leçon.

ia   ié   iè   io   ui   ian
ion   ieu   iau   oin   oui
biè   Dieu   fio   foin   lieu   loin
miau   pia   sui   tié   vian   vio

a dieu,   biè re,   diè te,   é tui,
fio le,   foui ne,   lui re,   miau le,
mi lieu,   pia no,   pié ton,   pio che,
pi tié,   re coin,   vio lon,   vian de.
a mi tié,   dé trui re,   lu miè re,
ri viè re,   sa liè re,   sui van te,

J'ai me la vi an de cui te.

Je boi rai un li tre de biè re.

37ᵉ Leçon.

ac   bac   dic   doc   duc   fac

fic   foc   lac   noc   oc   pac

pic   sac   soc   suc   tac   toc

vic   blic   bloc   sanc   stuc   trac

ac te, ca duc, dic ton, oc troi,

pac te, pu blic, stric te, toc sin.

ac ti ve, doc tri ne, fac tu re,

oc to bre, ré trac té, vic toi re.

ac ti vi té, ca rac tè re.

Le tren te oc to bre.

Un sac de blé nou veau.

L'ac ti vi té du ca pi tai ne.

38ᵉ Leçon.

ad   sud   dif   if   nif   tif
vif   œuf   bœuf   dog   aug
ac tif,   ca nif,   ché tif,   dog me,
fic tif,   mo tif,   na ïf,   ta rif.
ad mi ré,   aug men té.   ma la dif,
né ga tif,   pri mi tif,   ré ac tif.
ad mi ra ble,   in di ca tif.

Le manche de ton canif.
Le motif de ton renvoi.
Au sud de l'Europe.
J'admire ton piano.
On augmenta mon salaire.

39ᵉ Leçon.

al	bal	bil	bol	bul	cal
col	cul	dol	dul	fal	fil
fol	gal	mal	mil	mol	mul
nul	pal	pol	pul	sal	sil
sol	sul	tal	til	val	vil
vol	vul	gnal	gral	paul	seul

bal con, bo cal, bru tal, cal cul,
ca nal, che val, col za, cul te,
cu mul, é gal, fa nal, fil tre,
fru gal, lo cal, mal gré, mo ral,
pal me, ru ral, sal ve, si gnal,
sol de, sul tan, val se, vol can.

40ᵉ Leçon.

al co ol,   a mi ral,   ca pi tal,
cul bu te,   in cul te,   in té gral,
li bé ral,   ma ré chal, mul ti ple,
ré vol te,   sé pul cre, tri bu nal.

La cul tu re de la vi gne.
Un che val a veu gle.
Un fla con d'al co ol.
A dol phe se ré vol ta.
Paul con sul ta son pè re.
Le ca po ral se ra dé gra dé.
Il a ré col té son blé.
J'i rai au bal ven dre di.

41e Leçon.

ap	cap	op	rup	ar	bar
bor	car	cor	dar	dor	dur
far	for	fur	gar	gor	jar
lar	lor	mar	mor	mur	nar
nir	nor	or	par	pir	por
pur	sar	sor	sur	tar	tir
tor	tur	ur	var	vir	bour
char	cour	deur	fleur	four	gour
greur	gueur	jeur	jour	leur	lour
meur	mour	noir	our	peur	pleur
poir	pour	queur	reur	sœur	soir
sour	teur	tour	veur	voir	vroir

42ᵉ Leçon.

ap te,   ar bre,   a zur,   bar be.
bâ tir,   ba zar,   bé nir,   blan chir.
bon jour,   bon soir,   bor gne,   bour don.
cap tif,   car ton,   char bon,   ché rir,
cor de,   cour se,   cou vrir,   dé tour.
de voir,   dor meur,   dor toir,   fi nir.
for te,   four che,   fré mir,   gar nir,
jar din,   jour nal,   lar me,   lour de.
mar che,   mor dre,   mou choir,   or dre.
ou vrir,   ou vroir,   par don,   pen seur.
pi queur,   plai deur,   por te,   pour pre.
re tour,   re voir,   sé jour,   su eur.

43ᵉ Leçon.

tar te,		ti roir,		tor che,		tour ne,
trom peur,	tur ban,	ur ne,		va leur,
va loir,	vi gueur,	ve nir,		vo leur,
a dop té,	ar bi tre,	bor du re,
cap su le,	car na val,	char la tan,
cor ni chon,	em pe reur,	é ta blir,
for tu ne,	gour man de,	in fir me,
la bou reur,	mar mi te,	mor su re,
or ga ne,	or to lan,	par cou rir,
ré ta blir,	sar di ne,	se cou rir,
sou ve nir,	sur di té,	tar ti ne,
tor tu re,	var lo pe,	vir gu le,

44ᵉ Leçon.

La cha leur me fa ti gue.
Ma sœur m'a trom pé.
Fai re le tour du mon de.
Ou vrir la por te de la cour.
Le fac teur a fi ni sa cour se.
J'ai re çu mon jour nal.
Le pau vre a du pain noir.
Mé dor gar de la por te.
Il sau ra fai re son de voir.
Vic tor par ti ra mar di.
Dé mo lir le mur du jar din.
Voir son pè re in fir me.

45e Leçon.

as bas bis bos bus cas
dis fas fis gas ins jas
jus lis lus mas pas pis
pos tos vas vis cons cris
mons mous pris sous spas trans
as pic, bus te, cas tor, cris tal,
Gas ton, jas min, jus te, lis te,
lus tre, mas tic, mons tre, pis ton,
pos te, pris me, tris te, vas te,
cons tan te, con tras te, dis pu te,
dis tinc tif, ins truc tif, mas cu lin,
mous ta che, pos ti che, si nis tre.

46ᵉ Leçon.

La fleur du jas min.

Le char la tan a dis pa ru.

Li re un li vre ins truc tif.

Au gus te a un bou ton d'or.

Gus ta ve au ra du pain.

La dis pu te va fi nir.

J'ai plan té un ar bus te.

Il a un vas te sa lon.

L'ins ti tu teur l'a dé fen du.

Pren dre l'air sur le bal con.

Se ra fraî chir à la fon tai ne.

Sou é par gné, sou ga gné.

47ᵉ Leçon.

bal, blé, clou, coin, don, faim,
fil, four, gain, grain, jour, lac,
loin, mal, noir, plan, pour, quoi
roi, soir, tour, train, vain, voir.
ami, bonté, coton, devoir,
encre, frère, gloire, jardin,
jeudi lundi, mouche, nouveau,
prendre, riche, santé, voleur.
amande, charmante, demeure,
figure, gourmande, laboureur,
moniteur, octobre, prudente,
quantité, réponse, tribunal.

48ᵉ Leçon.

Écoute la leçon de ton maître.
Je ferai la volonté de papa.
Il aura peur de mon cheval.
Gustave a parlé de toi.
Achète un mètre de toile.
J'ai vu un bateau à vapeur.
Regarde la chambre de Léon.
La poule vole sur le mur.
Il comprendra son devoir.
Laure a un chapeau neuf.
Il tourne à droite, à gauche.
Ecrire sur le tableau noir.

49ᵉ Leçon.

plomb, banc, blanc, franc, tronc, zinc.
bond, bord, blond, chaud, fond, grand,
laid, lard, lourd, nord, sourd, tard.
marchand, plafond, renard, retard.
boue, craie, lie, roue, vie, vue.
amie, armée, envie, jolie.
bourg, long, rang, sang.
camp, champ, coup, drap, loup, trop.
bas, bois, bras, buis, cas, dos,
frais, gras, gros, mais, mois, pas.
avis, brebis, concours, débris,
dedans, enclos, épais, fracas.

50ᵉ Leçon.

mépris, rabais, repas, tapis.
art, bout, chant, chat, court, dont,
droit, flot, fort, gant, lit, mont,
mort, mot, pot, rat, toit, tout.
adroit, avant, content, débit,
défaut, défunt, écart, éclat,
enfant, état, fagot, levant,
néant, parfait, pavot, petit,
sabot, salut, tenant, tricot.
évident, seulement, tremblement.
creux, croix, deux, faux, noix, poix,
prix, roux, voix, époux, jaloux.

51e Leçon.

boutons, branches, cartes, frères,
fourmis, guêpes, jardins, livres,
mères, pères, plantes, riches,
sables, signes, tables, violons.

bateaux, châteaux, couteaux,
joujoux, manteaux, nouveaux.
bancs, chauds, francs, grands, longs,
lourds, morts, noms, pots, rangs,
rats, rues, saints, toits, vents.
contents, défauts, éclats, enfants,
états, fagots, gourmands, jolies,
méchants, petits, renards, sabots.

52ᵉ Leçon.

je fais, je lis, je peux, je vends,

tu crois, tu prends, tu sens, tu veux,

il boit, il craint, il doit, il veut,

nous chantons, nous devons, nous lirons,

ils courent, ils parlent,

je dormais, je tombais,

tu demandais, tu partiras,

ils prient, ils rient, ils voient,

ils sautaient, ils venaient,

ils sentirent, ils voulurent,

ils finiront, ils garderont,

ils gagneraient, ils tomberaient.

53ᵉ Leçon.

Il faut obéir aux lois.

Tu feras tes devoirs.

J'entends leurs jolies chansons.

Ils criaient plus fort que vous.

Vos sœurs sont parties jeudi.

Ils parlèrent de vos défauts.

Vos livres sont tout déchirés.

Le facteur portait vos journaux.

François a tué deux renards.

Vos petits chats sont morts.

Marie a de gros sabots.

Ils gagnaient dix francs par jour.

54ᵉ Leçon.

habit, heure, heureux, humain,
huile, humble, humeur, rhume.
habile, méthode, théâtre.
haine, hameau, hanche, hardi,
hauteur, héron, héros, honte.
harangue, haricot, hurlement.
Paul avait un habit neuf.
Jules chantait trop haut.
Il était huit heures.
On lira l'histoire sainte.
Marie a un gros rhume.
Ils voulaient être heureux.

55ᵉ Leçon.

abbé, accord, accablant,
accomplir, accroire, occupant.
chauffe, chiffon, chiffre, coffre,
affable, affaire, offense.
balle, dalle, salle, ville,
allume, colline, mollement.
comme, nomme, pomme, somme,
commande, commune, savamment.
anneau, bonne, connu, tonneau,
abonné, connaître, pardonné.
appât, appris, appui, nappe,
appelé, apprendre, approuvé.

56ᵉ Leçon.

barre, beurre, carré, charron,
arrêté, arrivé, corrompre.
basse, caisse, dessus, passe,
abaissé, passion, repoussé.
battre, butte, flatte, patte,
attaque, attendre, attrape.
J'ai appris ma leçon.
Nicolas va à la chasse.
Tu as de bonnes pommes.
Jules a une tartine de beurre.
I veut battre son blé.
On pourrait lire l'affiche.

57ᵉ Leçon.

aimer, broder, cacher, chanter,
clocher, donner, frapper, jouer,
parler, sauter, tenter, voler,
amener, labourer, pardonner.
des, les, mes, ses, tes, et, est.
boulet, bouquet, complet, cornet,
discret, filet, fouet, jouet,
muet, objet, piquet, poulet,
replet, rouet, secret, valet.
allez, courez, donnez, tenez,
Vous attendez, vous préparez.
Vous sortirez, vous trouverez.

58ᵉ Leçon.

Aimez vos parents.

Soulagez les malheureux.

Oubliez les injures.

On me donne un bouquet.

Charles me confia un secret.

Auguste voudrait chanter.

Il est arrivé trop tard.

Tu as vendu tes chevaux.

Tu es content de ton sort.

Les petits poulets piaulent.

Voulez-vous m'écouter?

J'ai vu mes frères et mes sœurs.

59ᵉ Leçon.

ce, cent, ceci, cela, ceux-ci, ceux-là, cime, ciment, cire, civil, cygne, douce, face, force, glace, grâce, lancer, morceau, pince, place, pouce, procès, race, récit, voici.
acide, acier, adoucir, audace, cigale, cygogne, commencer, enfance, facile, hospice, incident, malice, médecin, océan, province, racine, recevoir, séance.

60ᵉ Leçon.

La cigale et la fourmi.

Le renard et la cigogne.

La cigale chanta tout l'été.

Ces fleurs sont charmantes.

Écoutez le récit du soldat.

Mets-toi à ma place.

Le médecin n'est pas venu.

Ce jeune homme est mort.

Il a cinq sous dans sa poche.

Cinq centimes valent un sou.

Ce procès n'est pas fini.

Je voudrais un morceau de pain.

61ᵉ Leçon.

agir, argent, bougie, cage, charger, congé, danger, forge, géant, gelée, gênant, genou, genre, gilet, juge, large, linge, logis, manger, orge, page, singe, singer, songe, agile, argileux, bagage, chargement, collége, courage, fragile, forgeron, fromage, général, horloge, image, jugement, ménage, obliger, bourgeois, drageon, mangeons.

62ᵉ Leçon.

Nous mangeâmes une pomme.

Ils se partagent mon argent.

Obligeons tout le monde.

Ce soldat recevra son congé.

Ce livre a cent dix pages.

Nous songeons à nos affaires.

Ils agissaient sagement.

Il jetait des boules de neige.

Ce forgeron frappe sur l'enclume.

Cet ouvrier est courageux.

Je ne veux pas me venger.

Manger un morceau de fromage.

63ᵉ Leçon.

briser, case, cause, chaise, cousin, creuser, dose, fraise, frise, grise, hasard, maison, mise, oiseau, oser, pause, peser, phrase, plaisant, raison, rose, ruse, saisir, saison.
accusé, aisance, amuser, apaiser, arroser, asile, chemise, désordre, devise, disposer, écluse, liaison, magasin, mesure, misère, musique, visage, visiter.

64e Leçon.

Paul a brisé ses joujoux.

Il a saisi l'occasion.

Tu as trouvé un trésor.

L'oiseau s'est envolé.

C'est une chose curieuse.

J'ai visité votre magasin.

Vous êtes dans la misère.

Clément est raisonnable.

Maurice et Louis s'amusent.

Mon cousin vous le disait.

Ils se disposaient à partir.

La saison est rigoureuse.

65ᵉ Leçon.

action, mention, portion,
ration, station, traction,
addition, ambition,
attention, dévotion,
instruction, intention,
invention, position.

La ration du prisonnier.

Une mention honorable.

Un brevet d'invention.

Tu as beaucoup d'ambition.

C'est une douce consolation.

Ta position est gênante.

66ᵉ Leçon.

bec, sec, avec, directeur,
architecte, élection,
électrique, protection,
greffe, bel, quel, sel, tel,
appel, autel, ciel, hôtel,
lequel, rappel, actuel,
belle, celle, elle, quelle,
selle, telle, appelle,
bretelle, chandelle, chapelle,
cruelle, ficelle, formelle,
javelle, laquelle, nouvelle,
réelle, vaisselle, partielle.

67ᵉ Leçon.

cep, accepter, perd, sert, vert,
amer, berceau, berger, cerner,
certain, chercher, concert, ferme,
gerbe, germain, herbe, herse,
hiver, merci, percer, perle,
serpe, tertre, verger, verser,
alerte, auberge, conserve.
liberté, moderne, réserver,
espoir, esprit, geste, leste,
reste, veste, blesser, messe,
espace, espèce, estimer,
adresse, lessive, promesse.

68ᵉ Leçon.

Le berceau de l'enfant.
L'auberge de ton village.
Le télégraphe électrique.
L'hôtel de la préfecture.
Quelle belle promesse!
J'accepte la proposition.
Lie cette gerbe de blé.
Ce serpent est venimeux.
Nous soignions les blessés.
Vous cherchez le déserteur.
J'ai fait une perte cruelle.
J'admire votre adresse.

69ᵉ Leçon.

bien, chien, lien, mien,
rien, sien, tien, viens,
ancien, bienfait, chrétien,
maintien, obtiens, soutien.
ayant, boyau, crayon, croyant,
frayer, frayeur, fuyard, fuyez,
joyeux, moyen, noyau, noyer,
payer, payeur, pays, rayer,
rayon, royal, tuyau, voyant,
aloyau, appuyer, balayer,
déblayait, déployez, effrayer.
essayais, nettoyas, tutoyer.

70ᵉ Leçon.

Aimez votre pays.

Soyez soumis à ses lois.

Ayez pitié des malheureux.

Souviens-toi des bienfaits.

Il faut payer ses dettes.

Nettoyez bien cette chambre.

Maman, appuyez-vous sur moi.

Michel a tué son chien.

J'avais un crayon rouge.

Tu avales un noyau de prune.

Vous êtes bien joyeux.

Soyons toujours obéissants.

71ᵉ Leçon.

ail, bail, œil, chevreuil,
corail, émail, recueil, travail,
aille, ailleurs, brillant, brouiller,
caille, caillou, feuille, fille,
gaillard, œillet, paille, quille,
railleur, rouille, tailleur, veille,
abeille, aiguille, aiguillon,
barbouiller, bataillon, béquille,
bouteille, coquille, écaille,
famille, grenouille, lentille,
médaille, muraille, oreille,
papillon, pastille, travailler.

72ᵉ Leçon.

Travaillez, prenez de la peine.
Charles attrapa un papillon.
Jules jette des cailloux.
Victor a un jeu de quilles.
Que t'a-t-il dit à l'oreille?
Il barbouillait son cahier.
La rouille ronge le fer.
Ce chasseur a tué un chevreuil.
Le général gagna la bataille.
Je t'aime bien, ma fille.
Toute médaille a son revers.
J'ai fini mon travail.

On trouve à la même librairie :

DELAPALME. **Premier livre de l'enfance.** 1 v in-18. 0,50 c.
— **Premier livre de l'adolescence.** 1 vol. in-18. 0,50 c.

Mme Z. CARRAUD. **Maurice ou le Travail.** 1 vol. in-12, orné de grav. 1 fr.

CLOUZET aîné. **Introduction à l'étude de la grammaire française**, ou Exercices orthographiques pour le 1er et le 2e âge, et en général pour tout commençant. 1 vol. in-18. 17e édit. 0,

CLOUZET aîné. **Petit Traité d'orthographe**, ou Recueil des règles d'orthographe les plus utiles pour les commençants, et dont on trouve l'application dans l'ouvrage précédent. 1 vol. in-18, 2e édit. 0,20 c.

A. MANIÈRES. **Exposé élémentaire des poids et mesures du système métrique**, avec Questionnaire à la fin de chaque chapitre. 1 vol. in-18, 5e édit. 0,40

Dr ARTHAUD. **De la Vigne et de ses produits.** 1 vol. in-8°. 5 fr.

Bordeaux. — Imp. G. GOUNOUILHOU, rue Guiraude, 11.